Y Ddraig Groch

Cerddi am Gymru

Golygydd: Myrddin ap Dafydd

Golygydd: Myrddin ap Dafydd

ⓗ y beirdd/Gwasg Carreg Gwalch

ⓗ y lluniau: Siôn Morris

Argraffiad cyntaf: Ebrill 2010

Rhif Llyfr Safonol Rhyngwladol:
978-1-84527-223-4

Cynllun clawr a'r lluniau tu mewn: Siôn Morris

Argraffwyd a chyhoeddwyd gan Wasg Carreg Gwalch,12 Iard yr Orsaf,
Llanrwst, Dyffryn Conwy, LL26 OEH.
☎ 01492 642031
🖹 01492 641502
✆ llyfrau@carreg-gwalch.com
lle ar y we: www.carreg-gwalch.com

Cyflwyniad

Mae Cymru yn un o wledydd hynaf Ewrop a baner y Ddraig Goch yw'r faner genedlaethol hynaf yn y byd. A dyma ni – yn tyfu'n wlad yn ei hawl ei hun unwaith eto ar ddechrau mileniwm newydd, gyda'n senedd ein hunain, a'r iaith Gymraeg yn ymledu i feysydd newydd.

Dathlu'r hanes a chael hwyl wrth fwynhau heddiw y mae'r casgliad hwn o gerddi. Oes, y mae gennym drysorau cenedlaethol, ond mae gennym hefyd Gymraeg ar faes rygbi ac mewn gwersyll gwyliau – ac mae'n bwysig ein bod yn dathlu'r cyfan yn y Gymru hon.

> Cymru'r gic a'r pasio
> A Chymru'r gerdd a'r gân,
> Peidiwch chi'r majic nicars –
> Â'u cadw ar wahân.

Cynnwys

Gwers Ddaearyddiaeth

Aberystwyth – tywod sidan,
Bangor – ei dysg a'i dawn:
A Llandudno – pier prydferth,
Wrecsam – siopau llawn;
Casnewydd – hanes Siartwyr,
A Chaerdydd – ei llun a'i lliw;
Abertawe – y merched delaf,
Tyddewi – ei heglwys wiw.

Gwyn Morgan

9

Cymru Fach

Mae gennym gap a chrys chwaraeon coch,
I gefnogi'n tîm wrth weiddi'n groch,
Cennin Pedr yn llabed ein cotiau,
A rhai mawr plastig i'w cario i'r gêmau!

Mae gennym y Ddraig Goch – baner ein gwlad –
Sy'n chwifio ar gestyll i ddathlu'n parhâd;
Cennin gwyrdd i'w gwisgo neu i'w bwyta
Fel arfer bob blwyddyn ar Fawrth y cynta.

Ar hwn dathlwn ben-blwydd Dewi ein Sant
Oedd yn 'ffrind i'r bobl ac yn ffrind i'r plant';
Ond Mr Urdd sydd heddiw'n ffrind gwerthfawr
A'r Steddfod sydd yn hwyl ac yn ŵyl enfawr!

Mae gennym ein gwisg Gymreig unigryw,
Ar ddoliau y gwelwn hi fwyaf heddiw!
Ond er yr holl bethau gweledol hynny,
Yn ein calonnau y byddwn ni'n Gymry!

Bethan Non

10

Cymru yw

Cymru yw – gwyrdd! gwyrdd! gwyrdd!
Cymru yw – Llangrannog, Glan-llyn a'r Urdd.
Cymru yw – rygbi, pêl-droed, canŵio.
Cymru yw – traethau, môr glas a hwylio.
Cymru yw – Glyndŵr, Ray Gravell, Dewi Sant.
Cymru yw – Steddfod, Maes, Gŵyl Cerdd Dant.
Cymru yw – Ysgol Llan, yr iaith a'r Wyddfa.
Cymru yw – Wil Cwac Cwac, Clwb Ffermwyr, eira.
Cymru yw – Pero, Taid a Nain ac adra!

Dorothy Jones

11

Cymru Ddoe a Heddiw

Castell Caernarfon,
Cynganeddion,
Pwyll a Rhiannon,
Lleu a Gwydion;
Bendigeidfran,
Cyngerdd a Chân,
Calon Lân,
Y Ddraig a'i thân;
Y Pafiliwn,
Deryn y Bwn;
Gwersyll Llangrannog,
Trên bach Ffestiniog;
Afon Ogwen,
Hywel a Blodwen;
Yr Wyddfa Fawr,
Ysbaddaden Gawr;
Cerddi a gwleddoedd,
Storïau a llysoedd,
Trysorau di-ri
Ein Cymru ni!

Sandra Anne Morris

Does Unman yn Debyg . . .

Mae teithio'n bleserus,
braf gadael y fro;
mae antur wrth grwydro
lle diarth am dro.

Caf hedfan yn hwylus,
neu hwylio mewn steil,
i weld rhyfeddodau
a llefydd gwerth chweil.

Er hyn, rhaid cyfaddef,
ar ôl yr holl sbri,
mae'n braf cael dod adref
i Lanfair P.G.

Valmai Williams

PWLLGWYNGYLLGOG

Rwy'n Rhan o Hanes Cymru

(wrth ddarllen llyfrau T. Llew Jones)

Rwyf ar y ffordd beryglus,
Ymhell o dân a thŷ,
Yng nghwmni'r clogyn tywyll,
Y nos a'r gaseg ddu;
Mae lladron yn fy nilyn,
Ymladdwyr ffair a phorthmyn
Ac nid yw'r sêr yn gry.

Rwy'n was at waedd y capten
A'r hwyliau i gyd ar daen,
Mae trysor y môr-ladron
Yn groes ar fap o 'mlaen;
Rwy'n gweld y wên yn llydan
Ar wyneb Harri Morgan
Drwy greithiau llafnau Sbaen.

Rwy'n sefyll gyda'r Gwylliaid
Wrth dynnu'r bwa saeth,
Dialedd lond yr awyr
A'r Barwn yma'n gaeth;
Ein brodyr ifanc heno
Yw'r gwaed sydd ar ei ddwylo
A'i ddiwedd yntau 'ddaeth.

14

Rwy'n gwisgo pais fy modryb
A pharddu ar fy moch:
Mae corn y Beca'n galw
A lleisiau'r ddrama'n groch;
Ni fydd un tollborth eto
Na giât ar ffordd Llandeilo –
Mae'r wawr yn torri'n goch.

Rwy'n rhan o hanes Cymru
A'i straeon tanllyd hi,
Yr anturiaethau enbyd
A'n harwyr mentrus ni;
Mae cyffro chwedlau'r werin,
A dawn a dweud y dewin
Yn llenwi 'mreuddwyd i.

Myrddin ap Dafydd

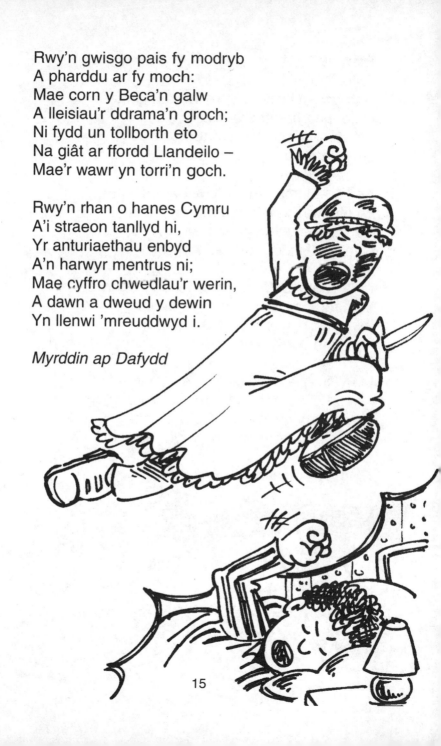

15

Enwau

Glywsoch chi 'rioed am Thomas Jones –
Lleidr pen-ffordd Cymru?
Efallai eich bod yn ei 'nabod e'n well
Fel yr enwog Twm Siôn Cati!

Ac Ellis Humphrey Evans,
Fe glywsoch amdano, mae'n siŵr?
Naddo, wel meddyliwch eto,
Gan taw Hedd Wyn oedd y gŵr.

Mae Thomas Woodward dal ar y sgrin
Yn canu pop ac yn ysgwyd ei din.
Pwy yw'r dyn, dwi'n eich clywed yn holi,
Wel Tom Jones wrth gwrs – y Canwr o Bonty!

Mae Duffy a'i llais wrthi'n serennu –
Roedd hi'n Amy Ann pan gafodd ei geni;
A nawr am gwestiwn, atebwch chi fi –
Pe bai chi'n enwog – pwy fyddech chi?

Elen Pen Cwm

16

Pam?

Pam fod Cymru'n wlad mor hardd
A'r iaith Gymraeg mor dlos?
Pam fod tylluanod
Yn gweld yn well mewn nos?
Pam yn y byd ma' llanw
Bob tro yn dilyn trai?
Pam ma eira'n toddi
Ar ôl rhyw ddydd neu ddau?
Pam fod mwg yn hedfan lan
A niwl yn dod i lawr?
Pam ma' sêr y nen mor fach
Ac eliffant mor fawr?
Pam ma' ŵyn yn brefu
A chyfarth mae y cŵn?
A phan mae'r wawr yn *torri* –
Nad oes neb yn clywed y sŵn?

Cwestiynau mawr yr oesoedd
Sy wastad wedi bod,
Ond sai'n becso lot amdanyn nhw nawr

A gwylie'r HAF 'di dod!

Dewi Pws

17

Mynydd y Dref

O ben Mynydd Conwy,
ymhell uwch y dre,
caf lonydd i sbio
o le i le.

O'r rhedyn, daw'r hedydd
yn denor glân,
fel triog yn tw'mo
uwch fflamau'r tân.

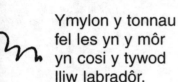

Ymylon y tonnau
fel les yn y môr
yn cosi y tywod
lliw labradôr.

Wrth ganlyn tro'r afon,
mi wn o ble daeth
y sglein sy'n ei llygaid
wrth fflyrtio â'r traeth.

Coed Benarth yn glwstwr
o nytmeg a sbeis,
a'r allt wedi cipio
fel croen pwdin reis.

Drwy wasgu fy llygaid
yn gul ac yn fain
a dilyn y dyffryn,
mi welaf dŷ Nain.

O ben Mynydd Conwy,
uwchlaw'r mynd-a-dod,
mae pob rhyw *be tasa . . . ?*
yn stopio bod.

Elin Alaw

19

Pa Glawdd Offa?

Gyrru, gyrru dros Glawdd Offa, –
Mam yn swnian eisiau soffa!
Atebodd Dad yn reit ulw biwis:
Sai'n well ganddo *fo* fod ar Gader Idris!

Finna'n fan honno'n sêt gefn yn poeni
(neb yn sylwi o gwbl ar hynny):
Un cwestiwn dyrys iawn a'm poenai –
Sut oedd gyrru i Gaer *dros* gloddiau?

A dyma fi'n mentro gofyn toc
(pan oedd Dad yn g'neud saith deg ar y cloc),
'Dad! Oes 'na giât y bydd rhaid i ni'i hagor?'
Mi ges ordors i stopio â rwdlian dim rhagor.

Ni welais na chlawdd na'r un ffens odidog
na dim oedd yn debyg i weiren bigog,
ac ni chafwyd 'run pynctiar wrth fynd
                dros Glawdd Offa,
a dwi *mor* falch o gael deud: fe gafodd
                Mam soffa.

Ann (Bryniog) Davies

*Clawdd a ffos sy'n ymestyn o aber afon Dyfrdwy hyd at aber
afon Hafren yw Clawdd Offa. Roedd Offa yn frenin Mersia rhwng
757 a 796 Oed Crist.

CAEWCH Y
GIÂT OS
GWELWCH YN
DDA

Yn Glaf o Gymru

Dw i'n glaf o'r Mwmbwls,
Yn dost o'r Sblot;
Yn dioddef o'r Mwnt
'Rôl bwyta y lot!
Mae gen i Benmachno o gur,
Llanfihangel dolur rhydd;
Dwi'n dioddef o Gymru
Ga i wella ryw ddydd?

Gwyn Morgan

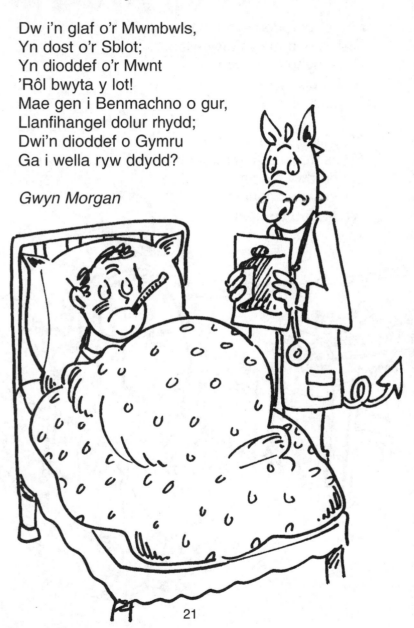

Ar Glawdd Offa

Llwybr cerdded sydd yma heddiw:
Dwy droed mewn dwy wlad,
Cael mynd drwy gaeau
A chroesi ffiniau
Gyda chaniatâd.

Mae hwn, meddan nhw, i'w weld o'r lleuad,
Y ffos frown ar ein map glas
Lle bu dwy fyddin:
Y rhosyn a'r cennin,
A'u harfau yn gras.

Y gwartheg duon a'r defaid mynydd
Sydd ar y dde;
A chombeins yn fflyd
At y cynhaeaf ŷd
Ar y Ludlow Way.

Wrth gamu o Loegr dros ddolydd melyn,
Mi ddoi ato'n hawdd,
Ond ffos ddŵr, ddofn
A drain, mae gen i ofn,
Ochr Cymru i'r clawdd.

Mae'r brwydro drosodd ac nid yw hwnnw
Ond hanes, mi wn;
Llwybr i'w gerdded –
A thra bo'n agored
Mi gerddwn hwn.

Myrddin ap Dafydd

Y Gwanwyn yng Nghymru

Wedi'r eira caled a'r cysgodion rhew,
Rhaid cadw'r menig blew.

Wedi bath llawn swigod a'r botel dŵr poeth,
Mae blagur ar goed noeth.

Wedi cuddio tu ôl llenni ein byd bach du,
Yn ein gardd y mae 'na bry'.

Wedi'r siocled poeth o flaen DVD
Allan i'r parc â fi.

Wedi'r môr a'r caeau llwyd eu lliwiau,
Mae blodau Sul y Mamau.

Wedi i gerddediad y gaea lusgo,
Mae Steddfod a Dawnsio Disgo.

Wedi chwarae'r gêm a cholli'n greulon,
Mae'r anthem a dwrn ar galon.

Blwyddyn 4, Ysgol Bod Alaw

24

Kyffiniau

(yn Oriel Kyffin, Llangefni)

Yma ym Môn, dydi'r mynydd
Busneslyd byth ymhell,
Mae'n sbecian dros ben cloddiau
Er mwyn cael golwg well.

Yma ym Môn, dydi'r tonnau
Byth yn llonydd nac yn fud,
Maen nhw'n rhuo, ffraeo a chwffio
Â'r graig sy'n sefyll o hyd.

Yma ym Môn, mae'r bugeiliaid
Yn chwilio, drwy stormydd nos,
Am ddafad ac oen y goleuni
Sydd ar goll ar y rhos.

Yma ym Môn, mi ddaw Kyffin
Yn ôl dros y gorwel draw,
Palet o liw wrth ei galon
A'r gyllell goch yn ei law.

Ysgol y Graig, Llangefni a Myrddin ap Dafydd

Mawrth y Cyntaf

Deffro ar y bore pwysig
Yn barod i ddathlu . . .
Dydd gwahanol, yn frwd o Gymreictod,
Di-ben-draw o hwyl!

Gwisgo hen ddillad – gwasgod
Wedi ei gwneud o frethyn –
Yn llon o
Liwiau coch a du.

Dydd o
Eisteddfod ysgol, neu gyngerdd ac
Wmbredd o fowlen o gawl
I ginio.

Seinio ein balchder am ein gwlad
A'n hiaith wrth gofio ein
Nawddsant, ac addo ein ffyddlondeb
Trwy ein hoes.

Ruth Pritchard

26

Y Pethau Bychain

Mae'r saint yn fyw yn hen bentrefi Cymru:
Mae 'na enw sant yn sownd ym mhob llan
Dwynwen, Teilo, Sannan, Steffan, Non –
Mae 'na seintie ym mhob man.

Ond mi glywais sôn am Sant o'r enw Dewi,
Mae hwn yn llawer mwy na'r lleill i gyd:
Mae'i ffon o'n hir a'i farf yn fawr
Ond Pethe Bach sy'n mynd â'i fryd.

"O gwnewch y Pethe Bychain,"
Medde Dewi Sant o hyd.

Tywodyn ar y traeth, a min y bensel,
Sandals morgrug, sbectol pry, het dryw,
Blewyn, papur, blawd a llwch,
Sanne lindys, gwisg ffansi glöyn byw.

Llais oen bach ar y bore cynta,
Gwich llygoden fach, a sibrwd nant,
Blagur newydd, pig y cyw,
Dail a sêr a phlant.

"Cofiwch y Pethe Bychain,"
Medde Dewi Sant.

Blwyddyn 6, Ysgol Bod Alaw a Twm Morys

Abaty Cwm-hir

(lle claddwyd gweddillion Llywelyn ap Gruffudd)

Mae Hydref yn y coed yn frith,
Mae godrau'n jîns ni'n wlyb gan wlith
Wrth lithro'n flêr i lawr y bryn
Er mwyn cael gweld y cerrig hyn.

Yn y cwm, mae'r bore'n hir,
Y tawch yn ddiog dros y tir;
Mae'r waliau'n llawn o lygaid gwyn
Pan awn i weld y cerrig hyn.

Wfftio at ein busnesau ffôl
Mae'r cesig coch sy'n pori'r ddôl,
Gan godi'u pennau, sbio'n syn,
Pan awn i weld y cerrig hyn.

Mae'r hanner haul yn darllen iaith
Y llechen gyda'i geiriau llaith;
A mynaich maen sydd wrth y llyn
Pan awn i weld y cerrig hyn.

Dim ond stori o'r dyddiau gynt,
A gaeaf arall yn y gwynt
A gwich y giât wrth gau yn dynn
A'r cerrig hyn, y cerrig hyn.

Myrddin ap Dafydd

28

Dôl Gynwal

Y plantos yn tyfu
Yn chwarae a chwyrnu
A dŵr Dôl Gynwal
Yn dal i ganu.

Y corwynt yn chwythu
A'r felin yn malu
A dŵr Dôl Gynwal
Yn dal i ganu.

Mae'r bara'n y popty
A'r crystyn yn crasu
A dŵr Dôl Gynwal
Yn dal i ganu.

Yn ysgol Ysbyty
Mae hwyl yn y dysgu
A dŵr Dôl Gynwal
Yn dal i ganu.

Mae'r hogia yn sgwennu
A'r genod yn gwenu
A dŵr Dôl Gynwal
Yn dal i ganu.

Plu eira yn gyrru
A'r haul sydd yn cysgu
A dŵr Dôl Gynwal
Yn dal i ganu.

Plant dosbarth meithrin, Ysgol Ysbyty Ifan

Moel y Don

*(Bu brwydr yma ar lan y Fenai yn Nhachwedd 1282 pan
enillodd byddin Llywelyn ap Gruffudd fuddugoliaeth
hanesyddol ar y gelyn.)*

Mae'r gaeaf gwyn yn cnoi ym Moel y Don
Ond mae hi yn gyfforddus yma, bron:
Mae'r ŷd mewn ysguboriau
A'r felin wrth y tonnau;
Ac mae rhyw heddwch bach ym Moel y Don.

Mae'r mwg fel ysbryd du dros Foel y Don,
Pob stordy, tŷ a chist, pob tas fach gron
Dan fflamau noeth y gelyn;
Ac mae holl wlad Llywelyn
Yn ofni poen y llwgu ym Moel y Don.

31

Mae codi pont ar gychod ym Moel y Don
A rhaffau cryfion sydd am styllod hon;
Mae byddin o farchogion
Yn disgwyl wrth yr afon –
Mae'r glannau i gyd yn crynu ym Moel y Don.

Amynedd ydi'r gair ym Moel y Don,
A disgwyl mae pob bwa a gwaywffon;
Pan gododd nerth y llanw,
O'r coed y bore hwnnw
Daeth saethau tân y Cymry ar Foel y Don.

Roedd gwaed yn cochi'r Fenai ym Moel y Don,
A chiliodd y Normaniaid o Foel y Don;
Mae balchder yn y galon
Mai tarian creigiau Arfon
Sydd wedi cario'r dydd ym Moel y Don.

Blwyddyn 6, Ysgol y Felinheli

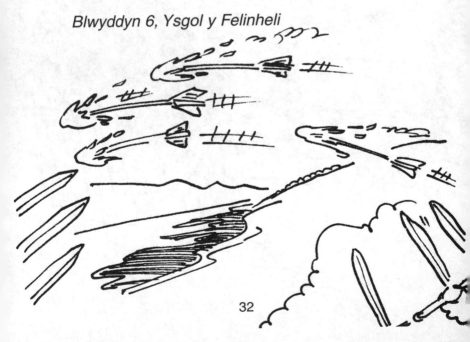

Fy Nghymru i

Mae Gallt y Foel yn nefoedd
ar ddiwrnod clir o haf,
wrth gyrraedd copa'r Bigil
'does unman cweit mor braf.

Wrth droedio Llwybr Afon
neu fyny Ffordd Inclên,
dwi'n gwybod yn fy nghalon
mai yma fyddai'n hen.

Mae lôn Bwlch Gwynt mis Ionawr
yn llithrig ac mor oer,
A hyfryd yw Elidir Fawr
yng ngolau gwan y lloer.

Marchlyn Mawr sy'n bictiwr
os ewch am dro fis Mai.
Mor hardd 'di yn Eryri
mae'n anodd iawn gweld bai.

Fy Nghymru i – Deiniolen
sy'n fwy na gwerth y byd,
Fan hyn, wrth droed 'rhen chwarel
y bydda i o hyd.

Sandra Anne Morris

33

Glen

Mae gan fy ewyrth Aled
gi defaid du a gwyn,
Ble bynnaig aiff fy ewyrth,
mae Glen tu ôl yn dynn.
Gan wrando ar ei chwiban,
corlanna'r defaid i gyd,
A phan ddaw hi'n amser wyna,
dwed fy ewyrth "Mae e werth y byd!"
Pan waedda "Stand" mae'n sefyll,
ac "Away," aiff Glen i'r dde,
Dwi'n amau, ydw weithiau,
os mai person ydy e!
Mae Glen yn ddu fel colsyn glo,
ac yn rhedeg fel y gwynt,
A mond i'n ewyrth ofyn,
mi aiff yn gynt a chynt.
Mae Aled yn dipyn o fugail,
mae hynna'n wir yn ffaith,
Ond rhyngoch chi a fi
– 'rhen Glen sy'n gwneud y gwaith!

Elen Pen Cwm

Y Wal Fawr

'Lle mae'r drol 'na'n mynd efo'r cerrig?'
– Dwn i ddim – ond mae'n edrych yn beryg.

'Pam y rhawiau, trosolion a cheibiau?'
– Dwi'n poeni mwy wrth weld y sgaffaldiau.

'Ble mae'r wal 'ma'n mynd, mor uchel, mor hir?'
– Dwi'n amau hen gynllun y Meistr Tir.

'Pwy gododd y porth fel dannedd llew?'
– Mae'r Arglwydd yn gry a'i waled yn dew.

'Sut awn ni dros y cribau miniog,
Y wifren drydan a'r weiars pigog?'

– Does dim all ein rhwystro, ti ddim yn cofio?
Mae'r twll yn y wal yn ein breuddwyd heno.

Blwyddyn 6, Ysgol Bontnewydd

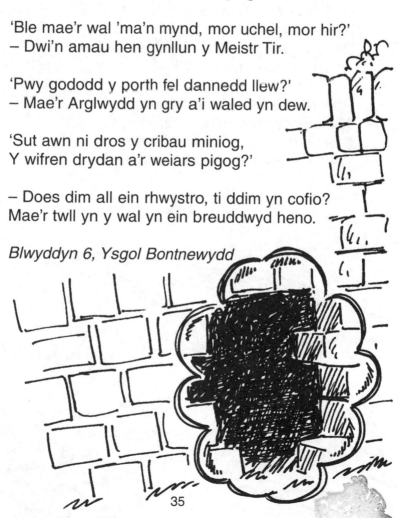

35

Cader Idris

Roedd Idris y cawr yn gerddetwr,
Hoffai heic fach i'r gogledd o'r de;
'Rôl cychwyn o Fyrddin ben bore
Byddai'n Meirion yn braf erbyn te.

Hyd gopa'r mynyddoedd y teithiai –
"Gallaf 'sgoi'r holl afonydd fel hyn,
Deud y gwir, rwy'n cyrraedd reit sydyn
Ac yn gweld Cymru i gyd o ben bryn."

Rhoi naid fach i ben y Preseli,
Abergwesyn mewn dau neu dri cham,
Cyn hir dyma gopa Pumlumon,
Wedyn boncyn Dysynni mewn llam.

Erbyn hyn, roedd braidd yn flinedig,
Gwelodd graig eitha gwastad a llefn –
"Wel, dyma le gwych i mi eistedd,
Ac mae lle imi orffwys fy nghefn!

"Mae graean yn crafu'n fy esgid" –
Ac fe'u tynnodd a'u lluchio o'i law,
Yna trochi ei draed dolurus
Yn nŵr Tal-y-llyn oedd islaw.

Roedd o'n hoffi'r graig lle'r eisteddai,
Yn wir, fe gysgodd am awr neu ddwy –
A wyddoch chi be – Cader Idris
Yw enw'r mynydd hwnnw byth mwy!

Dorothy Jones

37

Hen Wlad fy Nhadau

Dilyn steddfod, dawnsio gwerin,
chware rygbi, byta cennin;
darllen Dylan, cynganeddu –
dyna syniad rhai am Gymru.

Gwlad o enwau braidd yn drwm:
Tredomen, Beddau a Chwm Llwm;
gwlad y defaid, 'nôl y Saeson,
a gwlad llawn dop o gorau meibion.

Ond i mi, hen wlad fy nhadau
heb amheuaeth ydyw'r orau;
ac mi wn, llaw ar fy nghalon,
fod Cymru fach yn fwy na digon.

Valmai Williams

38

Stori Sbyty

Mae mwsog ar y cerrig mynwent,
Barrug gwyn dros y geiriau,
Ôl tywydd llwyd ar y llinellau,
Ac anodd darllen
Rhwng y cen a'r craciau
Yr englyn i'r gŵr enwog.

Anodd yw Gwglio hanes ar y we
A chei di ddim ateb heb ofyn 'Be?',
Heb yr enw, heb y dyddiad
Chei di ddim mynediad.

Daw pobl y pentre
Â straeon am gymeriadau ddoe:
Porthmyn, milwyr, môr-ladron,
Cwffiwrs, reslars, marchogion
Ac ambell athro beirdd,
Tywysog a saer.

39

Yn araf, mae'r drws yn agor gyda gwich,
Mae'r cysgodion tu draw yn ffoi,
Mae'r tarth o flaen ein llygaid yn diflannu
A'r porth i'r gorffennol yn datgloi.

Wrth balu yn ein darn o dir
Mae'r rhaw yn codi cerrig o'r pridd;
Mae'r domen yn tyfu'n fwy ac yn fwy
A chodwn waliau cysgodi,
A chreu caer i blant yfory gyda hwy.

Blynyddoedd 3,4,5,6, Ysgol Ysbyty Ifan

Addysg mewn Castell

(wrth ddarllen y llawlyfrau sy'n ein tywys o
amgylch Cestyll Cynan)

"Llywelyn yw'r gelyn,"
hysbysa'r llythrennau hirion gwyn
a baentiwyd ar y waliau hyn.
Y waliau hyn gyda'u caniatâd
i gadw'r dref yn bur rhag y wlad
sy'n hisian rhwng eu dannedd melyn:
"Llywelyn yw'r gelyn!"

"Gwenllïan a'i gwlad fechan,"
mae brain y porth yn ei grawcian
wrth hogi'u pigau ar fwyell Norman.
Y wlad fechan, meddai'r adar du,
na ddaliodd ei maes, nad oedd ddigon cry;
gwerin y cryman, dau grwt a mam egwan:
"Gwenllïan a'i gwlad fechan!"

"Gruffudd anufudd,"
meddai'r adlais yng ngwaelod y pydew
lle sugnai'r carcharor ei risgl eiddew.
Cadwynau, bolltiau a haearn dallu
yw'r ateb pan fo diplomiaeth yn pallu,
a dyna sut ceisiwyd glanhau ymennydd
Gruffudd anufudd.

"Owain filain,"
yn ôl y daflen am derfysg a dryllio,
yr huddyg a'r tân a'r fflamau a'r myllio.
Pa lwyth cyntefig sydd yn meiddio
brathu'r llaw sy'n ei foderneiddio?
Codir baneri i wynt y dwyrain:
"Owain filain!"

Castell? Dim ond pabell.
Gwersyll dros dro ar graig ein goroesi.
Yn ein hawyr las, cymylau'n croesi.
Ac yn yr ysbryd na chafodd ei dorri –
yn iaith y graig – mae adrodd eu stori.
Dathlu ein meddiant y mae'i amlinell:
dim ond pabell ydi'r castell.

Myrddin ap Dafydd

42

Y Ddraig Goch

Dacw hi . . .
yn goch goch
fel machlud haul Mehefin,
yn sefyll yn falch
tu flaen
y gwyn a'r gwyrdd.

Yn barod
i chwythu fflamau Cymraeg
i'r byd,
ei thafod miniog
yn hir
fel ein hanes.

43

Ei hadenydd
yn aros am awel
i'w chodi
i awyr ein gwlad,
yn uchel
fel ein gobaith.

Ei choesau yn gadarn
fel ein ffyddlondeb ni,
i aros o hyd
dros Gymru,
a'i chrafangau
yn barod i lynu yma
am byth.

Dacw hi . . .
yn goch, goch.

Ruth Pritchard

Cwyn y Plant

(. . . yn y côr yn canu 'Fy Llong Fach Arian i' yn Eisteddfod
Sir yr Urdd oedd wedi'i threfnu yr un diwrnod â phan oedd
tîm rygbi Cymru yn chwarae yn erbyn yr Eidal.)

Chi yn eich majic nicars
Sydd ar y pwyllgor mawr,
A rowch chi glust am eiliad
I gŵyn gan blant y llawr?

Yn gôr, mi ganwn glodydd
Fy llong fach arian i,
Ond Hook a Henson hefyd
Sy'n rhan o'n Cymru ni.

Yr un un gerdd sy'n canu
O dan yr hwyliau tyn
Â'r gerdd yn nwylo Shanklin,
Yng nghalon Alun Wyn.

'Dan ni mor falch wrth ganu
Am ddeciau'n aur i gyd –
Ond Jamie'r llwybr tarw
Hefyd sy'n mynd â'n bryd.

Mi bynciwn gydag angerdd
Am adael harbwr gwyn,
Os cawn ni res o geisiau
Gan Shane bob hyn a hyn.

Llinellau ein barddoniaeth
Ar diwn sy'n rhoi mwynhad;
Llinellau rhedeg Byrne
Wna ni 'run mor falch o'n gwlad.

'Dan ni'n falch wrth gael cerdd-dantio,
Yn falch wrth weiddi'n groch,
Yn falch o Gymru'r llwyfan
A Chymru'r crysau coch.

Cymru'r gic a'r pasio
A Chymru'r gerdd a'r gân,
Peidiwch – chi'r majic nicars –
Â'u cadw ar wahân.

Myrddin ap Dafydd

46

Gofal, wrth drefnu rhagbrawf –
Gofal am fyd y plant;
Drwy rygbi a diwylliant
Ceir Cymry gant y cant.

Mae'n hyfryd morio canu
Am Hawaii a Vandalé,
Ond rhaid i sgryms a rycio
Hefyd gael eu lle;
Cyn trefnu'r Steddfod nesa
Rhowch gip ar safle we –
Osgowch greu rhwyg rhwng Steddfod
A rygbi'n gwlad – ocê?

Myrddin ap Dafydd

Hwylio

Llong ydi Cymru
Yn hwylio ar fy llw;
Hwylio i Barbedos
A draw i Timbyctŵ.
Llinell oer yr Arctig,
Hwylio'n syth i'r de;
I hwylio i bellafoedd byd
Nyddu hyn o wê.
Hwylio mas i'r gofod
Gweld byd o liw a llun;
Dyna fendigedig
Gweld y byd yn un.

Gwyn Morgan

Dewch Draw

"Gwelais hysbýs am Gymru
ar Es-Pedwar-Ec,"
meddai dyn bach o'r gofod
pan ddaeth yma am sbec.

"Mi hoffwn gael cip
ar y gogledd a'r de,
y brifddinas a'r Bae
a phob pentref a thre!

"Dwisio dringo'r Wyddfa
a chael trip o gylch Môn;
ac mae'n rhaid gweld Sain Ffagan –
llawn hanes, 'nôl sôn."

Wedi blasu bwyd Cymru,
(y gorau'n y byd),
a chael croeso'n y gwestai
a'r ffermdai i gyd;

49

A siarad a holi
a chrwydro pob sir,
dyma ddwedodd, "Mi fydda'i
yn ôl 'ma cyn hir

Efo llong-ofod anferth,
a honno yn llawn
o deulu a ffrindiau
fydd yn eiddgar iawn, iawn

I weld 'rhyn sy ar gynnig –
bydd pawb wedi synnu
at yr holl ryfeddodau
sydd yma yng Nghymru."

Valmai Williams

50

Steddfod

Ciwia mawr ym mhobman,
pawb yn berchen carafán,
sâl yn car, a theimlo'n wan
dyna yw Steddfod i mi.

Ffraeo hefo brawd neu chwaer,
cip ar fỳs Silver Star,
Dad bron drysu isio'r bar,
Dyna yw Steddfod i mi.

Pafiliwn plnc a thywydd drwg,
Maes B, lot o fwg,
Dyna yw Steddfod i mi.

Corau meibion, cerdd dant,
pawb 'di blino, swnian plant,
Dyna yw Steddfod i mi.

Blas ar Fwyd, Siop Rhiannon,
Merched y Wawr Dwyfor ac Arfon,
Gwestai gorlawn, hen ganeuon,
Dyna yw Steddfod i mi.

Seremonïau a'r Babell Lên,
babis bach, pobl hen,
neb yn sarrug, pawb 'fo gwên,
Dyna yw Steddfod i mi.

Sandra Anne Morris

Cartrefi Creaduriaid Cymru

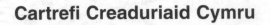

Cwm Penanner a Mochdre ac Arthog,
Tremeirchion, Cwm-twrch, Croesyceiliog,
Llanfihangel-ar-arth a Llandrillo,
Coed-y-paun, Ysgwydd Hwch, Cwrtycadno;
Porth Sgadan, Penychain a Llan-arth,
Moel Sgyfarnogod, Cefn Bryn-brain a Boncath;
Pant-y-blaidd, Nant-yr-ast, Dôl Cenawon,
Nant-y-moch, Llwyn-yr-hwrdd a Rhydeidion.
Cyrn y Brain, Esgairgeiliog, Penderyn –
Tybed oes mwy o adar i ddilyn?

Sawl creadur sy'n byw yma?
Holwch bawb am fwy o enwa!

Dorothy Jones

Mynd i Langrannog

Deffro yn y bore
a gorwedd yn fy ngwâl,
Dim llawer o chwant codi
a theimlo braidd yn sâl,
Methu bwyta brecwast
nac yfed mŵg o de,
Eisiau aros gartref,
ddim eisiau mynd i'r lle!

Cerdded lan i'r ysgol
heb deimlo dim yn well,
Heb fod i ffwrdd fy hun o'r blaen,
a'r daith i weld mor bell.
Fy nghês yn dew gan ddillad,
sach gysgu yn fy llaw;
Ni welaf Mam am dridiau,
mae'r peth yn codi braw!

Mynd ar y bws am oriau!
A hwnnw'n dwym a llawn,
Glanio yn Llangrannog . . .
cael cinio blasus iawn.
Ac wedyn mynd i sgïo,
dod lawr y rhiw 'da whiiiiiiiiii,
Cael cyfle i lafnrolio, wel dyna hwyl i chi!

53

Cael sbri 'di mynd i'r gwely,
dweud jôcs a storïau braw,
A Syr yn dod i'r stafell
a dweud bod rhaid cael taw!
Nofio bore wedyn,
'rôl cinio, gêm bêl-droed,
A mynd ar gefen ceffyl,
ni wnes i hyn erioed.

Y dyddiau'n mynd yn gyflym,
a minnau yn ddi-flin
Wrthi yn gwibgartio
a mynd ar drampolîn,
Gyrru beiciau modur,
ceirt cyflym . . . cynnwrf llwyr!
Dringo rhaffau, gêmau,
a disgo gyda'r hwyr.

Daeth amser i ymadael
ar ôl y gwyliau llon,
Ailbacio, a ffarwelio
â ffrindiau newydd sbon.
Ac wedi cyrraedd adref,
a Mam a mi'n cael te,
Methu peidio â siarad
am fy antur yn y lle.

Cofio'r bore hwnnw . . .
a theimlo braidd yn ffôl,
Bron peido â mynd,
a nawr dyheu am fynd 'nôl
I'r cornel bach o Gymru
sy'n llawn o hwyl a sbri —
Y gwyliau gorau sydd ar gael
i Gymry bach fel fi.

Ruth Pritchard

Hwnt ac Yma

Dau gi bach yn mynd dan ganu
I Gaerdydd i wylio'r rygbi,
Wrth ddod adre, sôn am grio! –
"Wnaeth 'na neb o Gymru sgorio!"

* * *

Cogydd mawr o Aberteifi
Fethai yn ei fyw wneud grefi;
Efo'r lympiau yn ei ymdrech
Gallech suddo castell Harlech!

* * *

Meddai'r gath wrth weld y bwji,
"O ba wlad ddoi di, fy ngwas-i?"
Ebe'r bwji, "O Benmachno –
Gei di adar brith yn fan'no!"

* * *

Holai'r Gwcw Lisa'r Lama
"Pam 'ti'n byw ar ben Moel Fama?"
Ateb swta ga'dd y Gwcw –
"Mae'n o'n llawer nes na fan'cw!"

Dorothy Jones

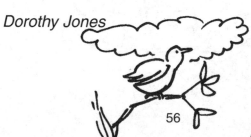

Te Cymreig

Lliain gwyn â blodau mân,
Llestri gorau, sgleiniog, glân.
Pob manylyn yn ei le
Ar y bwrdd yn barod am de.

Fy llygaid fel soseri mawr!
A Nain yn dweud, "Dewch! Stynnwch nawr!":
Ffrwythau, jeli coch a brechdan frown!
Cyfuniad od, ond y blas yn iawn.

Paned o de fel triog du,
Cacen wy a theisennau cri,
Cacen sbwnj a bara brith,
Tartenni jam rif y gwlith!

O! Dwi mor llawn a bron â byrstio!
A Nain yn dweud, "Stynnwch – mwy eto?"
Ond Mam yn dweud, "Ti'n llygad Jol!"
Aw! Mae gen i boen yn fy mol!

Bethan Non

*Dywediad o Borthmadog pan fyddai plentyn yn gorlwytho'i blât
ac yn methu gorffen ei fwyd: 'Ti'n llygad Jol yn fwy na'i fol!'*

Waw! Glan-llyn!

Bws yn troelli dan y coed
I'r lle harddaf fu erioed,
Pawb yn tewi wedi'r stŵr –
Gweld yr Aran yn y dŵr!

Hwyl dadbacio, pawb i'w le,
Yna sgrialu lawr i de,
Ffrindiau newydd, sgwrsio llon –
Clywed acen newydd sbon!

Bowlio deg neu ddringo'r wal
('Sgwn i fydd y rhaff yn dal?!),
Dawnsio disgo gyda'r hwyr
Nes bod pawb 'di blino'n llwyr!

Ras i'n gwlâu – ond 'hai a how'
Dyma ddechrau ar y row!
Sgrechian mawr o stafell tri –
"Hon yw llofft y lleian ddu!"

Lawr ben bore i rwyfo'r llyn,
Haen o niwl gwlân cotwm gwyn;
Yna 'nôl am gêm bêl-droed;
Llowcio'r cinio gorau 'rioed!

Chwap, mae'r dyddiau wedi mynd –
Dweud "Hwyl fawr!" a gadael ffrind.
Ond, bob gwyliau ar ôl hyn,
Hoffwn i fynd i Lan-llyn!

Dorothy Jones

59

Jôc!

Mae Meirion ac Arfon yn byw yng Nghaerdydd;
Mae Siriol yn eneth go bwdlyd;
Mae Hedd yn un garw – yn barod ei ddwrn,
Ac Awel yn hynod ddisymud.

Merch rynllyd yw Tesni, a swil braidd yw Llew;
Mae C'redig yn dipyn o fwli;
Bydd Gwawr, gellwch fentro, yn cyrraedd
 yn hwyr –
Rhed Pwyll ar ei ben i drybini!

Mae Tal yn foi bychan, a Gwen â lliw haul;
A merch fach reit nobl yw Meinir;
Bydd Bryn (pan mae'n canu) bob amser yn fflat;
Ac Alaw heb nodyn yn gywir.

Mae Olaf yn enwog am fod ar y blaen,
Ond colli fydd Buddug fel arfer;
Merch hardd ydy Glesni – â'i llygaid lliw cnau,
Mae Heulwen yn crio drwy'r amser.

Un hapus, llawn hwyl yw Pryderi o hyd,
Ac Enfys yn llwydyn fel llymru.
Rydw innau'n mawr ofni nad oes fawr o goel
Ar lawer o enwau plant Cymru!

Beryl Steeden Jones

60

Siarad

Mae 'na rai sydd yn dweud *rŵan*,
Mae 'na rai sydd yn dweud *nawr*,
Rhai yn dwedyd *arogl*
Ac eraill yn dweud *sawr*.
Mae rhai yn dweud *hidia befo*
A rhai *paid becso dim*,
Rhai sydd yn dweud *cyflym*
Ac eraill yn dweud *chwim*.
Mae rhai ohonon ni'n *hedeg*
Ac eraill yn *hedfan* yn siŵr,
Rhai eisiau *llwnc i'w yfed*
A rhai eisiau *diod o ddŵr*.
Rhai sydd yn *mynd i fyny*
Ac eraill yn *mynd lan*,
Ac wedyn rhai yn *dod i lawr*
A rhai'n *disgyn* yn y man.
Rhai sydd yn bwyta *losin*
Ac eraill yn hoffi *da da*,
Rhai sydd yn dweud *mynd allan*
A rhai yn mynd *mas o 'ma*.
Nawr, rhaid i mi *beidio â siarad*,
Paid 'whilia fydd orau yn awr . . .
Dweud *ta ta*, *canu'n iach* ydwyf innau,
A dywedaf *ffarwél* a *hwyl fawr*.

Ruth Pritchard

Cennin

Wel! Dyna ryfeddod yw cennin
Yn tyfu ar waelod yr ardd,
Yn llawer iawn cryfach na glaswellt
Nid yw'n fach nac yn dlws nac yn hardd.

Yn aros yn rhesi fel milwyr,
Yn fyddin mewn gwisgoedd o wyrdd,
Yn ymdeithio rhwng rhengoedd y tatws,
Y llysiau cefnsyth yn eu myrdd.

Bydd Mam yn eu rhoi yn y crochan
I roi blas ar y cawl o hyd,
Neu eu ffrio mewn menyn a'u bwyta
Mewn omlet – y gorau'n y byd.

Bydd Dad yn dewis 'run orau,
Y dewaf a'r dalaf bob tro,
Ac yn ennill y wobr gyntaf
Yn sioe flynyddol y fro.

Ond bydd un yn arbennig bob blwyddyn . . .
Caf ei gwisgo ar Dydd Dewi Sant,
Er mwyn dangos i bawb fy mod innau
Yn Gymro i'r carn, gant y cant.

Ruth Pritchard

63

'Majic'

Fe gafodd rhai yr iaith Gymraeg
Yn rhad gan eu rhieni,
A hwythau gan eu mam a'u tad,
A'u nain a'u taid cyn hynny.

Nid anrheg yw, fel siocled drud,
A aiff yn brin o'i rannu,
Neu fel pensiliau lliw'n byrhau
Yn bytiau cyn diflannu.

Mil gwaith mwy gwyrthiol ydyw iaith:
Mae'n ddrws i gamu drwyddo,
Ac wrth ei siarad, tyf ein rhodd
Yn drysor i'w drosglwyddo.

Ann (Bryniog) Davies

CROESO

64

Ieithoedd

Mae fy Siapanaeg yn fregus,
Fy Saesneg yn beryglus o foel;
Fy Iseldireg sy'n siomedig,
Fy Almaeneg – angen oel,
Fy Rwsieg – dim ond bratiaith,
Fy Ffrangeg – braidd yn sych
Er mor dyllog yw y gweddill
Mae 'Nghymraeg yn fflipin gwych.

Gwyn Morgan

Gyda'r Gorau

Mae siapati a chyrri
a sawl têc-awê
yn flasus dros ben,
ond wyddoch chi be,
mae 'na fwydydd yng Nghymru
i'w cael ymhob sir
at ddant pawb, a'r rhestr
yn andros o hir!
Mae tatws Sir Benfro
a thatws o Fôn
gyda'r gorau'n y gogledd
a'r de yn ôl sôn.
Cig oen a chig eidion
a llysiau yn stôr,
caws a hufen a llaeth
a physgod o'r môr;
mewn marchnadoedd di-ri,
mae'r cynnyrch yn hael
a phopeth yn ffres
a heb os, gwerth ei gael.

Valmai Williams

Cymry Cymru!

Mae gan Gymry (y bobl) goesau –
'Y' â choes sydd yn eu henwau!
Cymru'r wlad – heb symud modfedd –
'U' bedol, felly, ar ei diwedd!

Dorothy Jones

Bwydlen y Byd

Cewch lenwi eich bol yn yr Eidal
Â phasta a saws heb eu hail;
Cewch bob math o gyrri'n yr India
Rhai poeth i'ch gwresogi i'ch sail;
Cewch goesau brogaod gan y Ffrancwyr,
Neu falwoden neu ddwy i roi blas;
Ac os ewch am dro draw i'r Almaen
Cewch wledda ar selsig mawr bras;
Mae 'na nwdls reit neis draw yn Tsieina,
A chig mewn saws melys a sur;
Ewch i Roeg os am fwyta mwsaca
Cewch bryd bendigedig yn wir;
Ond pe byddai yn rhaid i mi ddewis
Fy swper o fwydlen rhyw fro,
Arhoswn i yma yng Nghymru
I gael cawl cig oen . . . ie, bob tro!

Ruth Pritchard

'Od' Iawn

Mi gaf sôn am lyffant**od** heb boen yn y byd,
Am fuch**od** a chath**od** a llyg**od**;
A draw dan y tonnau mae'r pysg**od** i gyd:
Morfil**od** a siarc**od** a chranc**od**.

Eliffant**od** a theigr**od** a llew**od** yn llu,
Camel**od** yn teithio drwy'r tyw**od**,
A beth am y peun**od** sy'n hardd iawn eu plu,
Crwban**od** mawr mawr a mwncï**od**?

Mae 'na ful**od** a merl**od** mewn cae lawr y lôn
A'r awyr yn llawn o wylan**od**;
Pam felly mae pobl yn dweud na chaf sôn
Am geffyl**od** na thitw tomos**od**?

Beryl Steeden Jones

69

Carlo

Mae gennym ni gi defaid –
Un bach du â llygad wen;
Mae'n byw mewn cenel wrth y sied
Ond ma' chwilen yn 'i ben.
Bob dydd am naw mae'n deffro
Ac yn cyfarth ar y byd;
Yna'n rhuthro lan a lawr yr ardd
A rhedeg mas i'r stryd
Yn syth i erlid Idris – loris
A charafáns 'run fath,
Ac mae'n mynd yn hollol wallgo
Pan welith e'r fan la'th.

Daeth adre fore Sadwrn
Â chwech o bostmyn mawr –
Eu corlannu yn y garej
A'u cael i eistedd lawr.
Un diwrnod wythnos dwetha
Daeth 'nôl â chwningen a chath,
Plismon, ficer a fan hufen iâ;
Mae fe'n mynd o ddrwg i wa'th.

Ond bore ddoe mi es â fe
I'r wlad am awyr iach,
I weld yr ŵyn yn prancio
Yn sŵn yr adar bach.
Ond nefi blw! – 'na syndod
Pan welodd ddafad fawr
Fe droeodd fel fflach a rhedeg i ffwrdd
Â'i gynffon yn llusgo'r llawr.

Dyw e ddim yn siaso rhagor
– mae'n ishte'n yr ardd yn syn,
yn ddistaw meddwl wrtho'i hun
"Be'n y byd oedd y PETH MAWR, GWYN?"

Falle
      mai
           nid
                ci
                     defaid
                         yw
                             e.

Dewi Pws

71

Un Dymuniad

Pe bawn i'n cael un dymuniad,
Beth fyddai hwnnw? meddech chi,
Gweld sgôr ar fwrdd y Stadiwm –
Lloegr dim – Cymru tair biliwn a thri.

Gwyn Morgan

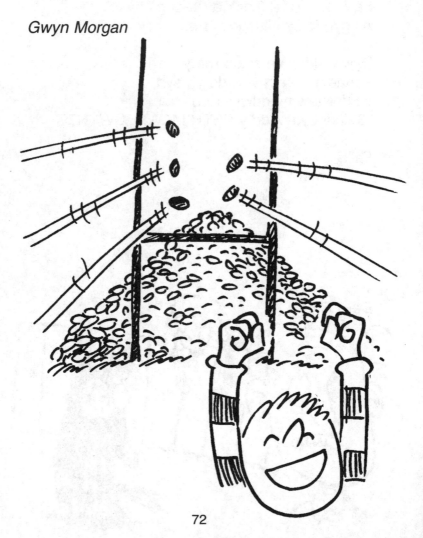